Carlos Digs to

Carlos excava hasta la China

Story by / *Cuento por*
Jan Romero Stevens

Illustrated by / *Ilustrado por*
Jeanne Arnold

Luna Rising

Hungry and anxious for the lunch bell to ring, Carlos stared out the window and daydreamed as his teacher pointed to New Mexico on a colorful globe of the world.

"Now here is where we are," she said. "And who can tell me what country is on the opposite side of the world?"

Several of Carlos's classmates yelled out "China" as the teacher spun the globe around to show them they had answered correctly. Beginning a lesson about the far-away country, the teacher told the students if they studied hard, she would give them a special treat during the last week of school: She'd take the whole class downtown to the Golden Star Chinese Restaurant where they could try chop suey and fortune cookies and egg rolls. Carlos and his classmates began talking excitedly among themselves, and for the next week, they eagerly learned about China.

Carlos tenía hambre y ganas de que sonara el timbre del almuerzo. Con la mirada fija en la ventana, soñaba despierto mientras su maestra señalaba Nuevo México en un colorido globo terráqueo.

—Bueno, aquí es donde estamos —dijo ella—. ¿Quién me puede decir qué país está del otro lado del mundo?

Varios de los compañeros de Carlos gritaron "China" mientras la maestra giraba el globo para mostrarles que habían contestado correctamente. Estaba empezando una lección acerca de aquel país lejano y les dijo a los estudiantes que si se esforzaban por estudiar, les daría un premio especial durante la última semana de escuela: Llevaría a toda la clase al restaurante chino "La estrella dorada", donde probarían chop suey, galletitas de la fortuna y rollitos primavera. Carlos y sus compañeros de clase empezaron a charlar animadamente entre sí, y durante la siguiente semana, aprendieron con entusiasmo muchas cosas acerca de la China.

The day before school was out for the summer, the teacher kept her promise and took them to the Chinese restaurant that featured an all-you-can-eat buffet. Carlos loaded his plate with fried rice, egg rolls, and chow mein. He went back for chop suey and sweet and sour pork.

Then he had jasmine tea and fortune cookies.

"This food is so much better than plain old beans and rice and tortillas," said a stuffed Carlos to his friend, Gloria, who was dipping an egg roll in soy sauce. She nodded.

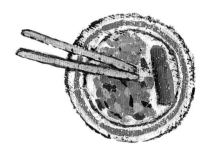

Un día antes de que comenzaran las vacaciones de verano, la maestra cumplió con su promesa y llevó a los estudiantes al restaurante chino que tenía un bufé en el que uno podía comer todo lo que quisiera. Carlos llenó su plato con arroz frito, rollitos primavera y chow mein. Después volvió por chop suey y cerdo agridulce.

Luego tomó té de jazmín y comió galletitas de la fortuna.

—Esta comida es mucho mejor que los simples frijoles con arroz y las tortillas —le dijo Carlos a su amiga Gloria, sintiéndose con la panza llena de comida. Ella asintió con la cabeza mientras mojaba un rollito primavera en salsa de soya.

Still thinking about China when school was dismissed, Carlos leaped down the front steps two at a time and ran down the dirt road toward his house. He had a great idea, and he couldn't wait to tell Señor Griego, who lived in a small adobe house on one side of Carlos's garden.

"Señor Griego, it's me, Carlos," he called, knocking on the back door. "I'm in a big hurry—I'm going to China."

"China? And how will you get there—on your bike?" asked Señor Griego, amused by his young friend's wild idea.

"Oh no, I'm digging my way there," said Carlos very seriously. "The teacher showed us—China is right on the other side of the world from here, and if I dig a hole straight through the earth, that's where I'll end up!"

"*Más despacio*, Carlos—slow down," said Señor Griego. "I just made arroz dulce. Why don't you sit down and have a bowl."

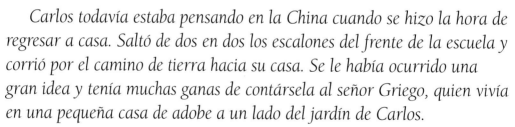

Carlos todavía estaba pensando en la China cuando se hizo la hora de regresar a casa. Saltó de dos en dos los escalones del frente de la escuela y corrió por el camino de tierra hacia su casa. Se le había ocurrido una gran idea y tenía muchas ganas de contársela al señor Griego, quien vivía en una pequeña casa de adobe a un lado del jardín de Carlos.

—Señor Griego, soy yo, Carlos —gritó golpeando la puerta de atrás—. Tengo mucha prisa; me voy para la China.

—¿A la China? ¿Y cómo vas a llegar allá? ¿En tu bicicleta? —le preguntó el señor Griego, divertido con la extraña idea de su joven amigo.

—Ah no, voy a excavar hasta llegar allí —dijo Carlos muy seriamente—. La maestra nos mostró que la China está exactamente al otro lado del mundo, y si hago un agujero derecho a través de la Tierra, ¡es ahí donde llegaré!

—Más despacio, Carlos —dijo el señor Griego—. Acabo de preparar arroz dulce. ¿Por qué no te sientas y te comes un plato?

Ordinarily, Carlos loved Señor Griego's specialty of *arroz dulce*—a rice pudding flavored with cinnamon and raisins. But that day Carlos had other plans.

"No thanks, Señor Griego," he said. "I'm a little tired of eating the same things all of the time. I'm going to China where they have really tasty food every day, like egg rolls and chow mein."

Señor Griego shook his head. "Carlos, remember—*El pasteo siempre se ve más verde del otro lado de la cerca*—the grass always seems greener on the other side of the fence."

But Carlos wasn't listening. Hurrying back to his house, he grabbed a shovel and a pick and carried them outside. Carlos began digging into the rich brown earth just outside the garden, shoveling clumps of dirt and piling them to one side. It was hard work, and after an hour, the hole he'd dug was only about a foot deep.

Carlos siempre se comía con mucho gusto la especialidad del señor Griego, el arroz dulce —pudín de arroz condimentado con canela y uvas pasas. Pero ese día, Carlos tenía otros planes.

—No, gracias, señor Griego —le dijo—. Estoy un poco cansado de comer siempre lo mismo. Me voy para la China donde todos los días tienen comidas realmente sabrosas, como los rollitos primavera y el chow mein.

El señor Griego meneó suavemente la cabeza. —Recuerda, Carlos, el pasto siempre se ve más verde del otro lado de la cerca.

Pero Carlos no estaba escuchando. Regresó deprisa a su casa, agarró una pala y un pico y los llevó para afuera. Empezó a excavar la rica tierra de color marrón que había junto al jardín, sacando montones de tierra y apilándolos a un lado. Era un trabajo duro, y después de una hora, el agujero que había hecho apenas tenía un pie de profundidad.

On the second day, Carlos's hole grew to more than three feet deep. By the end of the first week he stood in the hole, and the ground was level with the top of his head. He proudly showed off his hard work to his father. He had blisters on his hands, and the muscles in his arms ached. But he knew that with each shovelful of dirt he was getting closer to China and the delicious food he would have when he arrived there.

"*Buena suerte*—good luck," said Papa, winking and patting Carlos on the back. "I hope you make it."

El segundo día, el agujero de Carlos creció hasta tener más de tres pies de profundidad. Al final de la primera semana, él se paró en el agujero y vio que su cabeza quedaba al nivel del suelo de afuera. Con orgullo, le mostró a su padre cuánto había trabajado. Tenía ampollas en las manos y le dolían los músculos de los brazos. Pero sabía que con cada palada de tierra se estaba acercando más a la China y a la deliciosa comida que comería cuando llegara allí.

—Buena suerte —le dijo su papá, haciéndole un guiño y dándole una palmadita en la espalda—. Espero que lo logres.

One afternoon, Señor Griego stopped by to check on Carlos's progress. He called to him, peering down into the hole.

"*Dios mío*—my goodness—this hole is getting deep," said Señor Griego, and he handed him a pair of work gloves and his old miner's helmet. "Are you close to China yet?"

"Oh no, not yet", Carlos grinned. "I have a long way to go, Señor Griego. China is clear on the other side of the world, you know."

"I know. Well, I brought you something to eat—some *empanadas* my sister made," said Señor Griego. Carlos took a big bite of one of the pastries. It was filled with apples in a sweet sauce.

"Empanadas are good, but in China, I'll eat something better—chop suey," Carlos said.

Una tarde, el señor Griego pasó por donde Carlos excavaba para ver cómo iba su trabajo. Asomándose al agujero para mirar hacia adentro, lo llamó.

—Dios mío, este agujero está creciendo —dijo el señor Griego, y le pasó a Carlos un par de guantes de trabajo y su viejo casco de minero—. ¿Ya estás llegando a la China?

—Ah no, todavía no —dijo Carlos con una sonrisa—. Todavía me falta mucho, señor Griego. La China está bien al otro lado del mundo, ¿sabe?

—Lo sé. Bueno, te traje algo de comer, unas empanadas que hizo mi hermana —dijo el señor Griego. Carlos le dio un gran mordisco a una de las empanadas. Estaba rellena de manzanas con salsa dulce.

—Las empanadas son ricas, pero en la China, comeré algo más rico: chop suey —dijo Carlos.

A few days later, Carlos's friend, Gloria, visited him. She brought Carlos a snack—*biscochitos,* cookies flavored with cinnamon and anise seed, that she baked herself. Carlos took a taste of one of the cookies.

"These cookies are good, but in China, the food is much better. When I come back I'll bring you all the fortune cookies you can eat," he told Gloria.

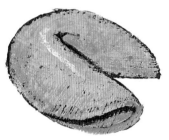

Unos días después, la amiga de Carlos, Gloria, lo visitó. Ella le trajo a Carlos una merienda: biscochitos con canela y semillas de anís que ella misma había hecho. Carlos probó uno de los biscochitos.

—Estos biscochitos son ricos, pero en la China la comida es mucho más rica. Cuando regrese, te traeré muchas galletitas de la fortuna para que comas todas las que quieras —le dijo a Gloria.

Halfway into the summer, Carlos's hole grew so deep that he had to borrow a tall wooden ladder to climb down. His mother begged him to forget his project, but friends and neighbors began gathering around the top of the hole, patting Carlos on the back and encouraging him when he came out to rest.

Carlos liked the attention and worked harder than ever. But as the hole grew deeper, it was hard to tell which direction he was digging. Exactly which way was China? Carlos wondered.

A mediados del verano, el agujero de Carlos llegó a ser tan profundo que tuvo que pedir prestada una escalera alta de madera para poder bajar. Su mamá le suplicó que se olvidara de su proyecto, pero sus amigos y vecinos empezaron a reunirse alrededor del agujero, dándole palmaditas a Carlos en la espalda y animándolo cuando subía a descansar.

A Carlos le gustaba la atención que recibía y trabajaba más que nunca. Pero a medida que el agujero se hacía más profundo, era más difícil saber en qué dirección estaba excavando. "¿Exactamente en qué dirección estará la China?" se preguntaba Carlos.

The hill of dirt that he shoveled out of the tunnel grew higher and higher. He climbed out of the hole several times a day just to greet the onlookers who cheered and lined up to shake his hand. When people asked him when he expected to reach China, Carlos boldly answered, "Soon, very soon."

The mounting pile of earth attracted even more curious people who spilled over from Carlos's yard into Señor Griego's. Neighborhood children slid down the steep dirt pile on cardboard boxes. Families brought picnic baskets and spread out blankets underneath the trees. One man opened a cart and sold green chile burritos and sodas.

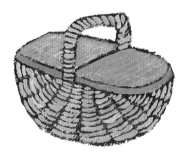

La colina de tierra que sacaba a paladas del túnel crecía más y más. Salía del agujero varias veces al día sólo para saludar a las personas que aplaudían y hacían fila para darle la mano. Cuando la gente le preguntaba cuándo esperaba llegar a la China, Carlos contestaba con confianza, —Pronto, muy pronto.

La pila de tierra que se amontonaba atrajo aún más curiosos, quienes ya no sólo ocupaban el terreno de Carlos sino también el del señor Griego. Los niños del vecindario se deslizaban por la inclinada pila de tierra en cajas de cartón. Algunas familias trajeron cestas de meriendas y extendieron sus mantas bajo los árboles. Un hombre trajo un carrito y vendió burritos de chile verde y refrescos.

A newspaper reporter heard about Carlos's project and took a picture of him. Next to a photograph of Carlos's dirt-smudged smiling face, the headline read, "Local Boy Digging to China." Shaking her head, Carlos's mother cut out the article and taped it to the refrigerator. Soon visitors came from miles away, and the scene behind Carlos's house took on a festive air. A mariachi band entertained with trumpets and violins, and folklorico dancers in colorful, fancy skirts swirled through the crowds. A nearby field became a parking lot, and a brightly-colored hot air balloon floated overhead.

The crowd grew more anxious to see when Carlos would break through to China. As the weeks passed, people continued to ask when he would get there.

"Any day now," he answered confidently.

Un periodista de un diario oyó hablar acerca del proyecto de Carlos y tomó una foto de él. Junto a la foto de un Carlos sonriente con la cara llena de tierra, el encabezamiento decía: "Niño del vecindario excava hasta la China". Meneando suavemente la cabeza, la madre de Carlos recortó el artículo y lo pegó al refrigerador. Pronto llegaron visitantes desde muy lejos y el ambiente del fondo de la casa de Carlos se transformó en una fiesta. Una banda de mariachis entretenía a la gente con trompetas y violines, y bailarinas folclóricas con bonitas faldas coloridas se paseaban dando vueltas entre la multitud. Un campo cercano se convirtió en estacionamiento, y un globo de aire caliente de colores brillantes flotaba por el cielo.

La multitud tenía cada vez más deseos de ver el momento en que Carlos llegara a la China. A medida que pasaban las semanas, la gente continuaba preguntándole cuándo llegaría.

—Puedo llegar en cualquier momento —contestaba él con confianza.

Finally, early one morning when Carlos was deep in the tunnel, he began to hear muffled voices above him. Could it be that he was finally nearing China? He worked underground later than usual that night, convinced that he would reach his destination the next day. Carlos began to daydream about what it would be like in China.

"This is the last time I'll be eating tortillas for awhile," he said as he gave Mama a big hug the following morning. "By tonight, I'll be in China."

Mama shrugged her shoulders, and Carlos hurried off.

Finalmente, una mañana cuando Carlos estaba en lo profundo del túnel, empezó a escuchar por encima de él unas voces que parecían lejanas. ¿Podría ser que finalmente estuviera llegando a la China? Aquella noche trabajó bajo tierra hasta más tarde que de costumbre, convencido de que llegaría a su destino al día siguiente. Carlos empezó a soñar despierto acerca de como sería la China.

—Ésta será la última vez que coma tortillas por un tiempo —dijo al día siguiente mientras le daba un gran abrazo a su mamá—. Para esta noche estaré en la China.

Su mamá se encogió de hombros, y Carlos se fue deprisa.

Climbing deep down to the end of the tunnel, Carlos again heard voices. Digging all day and into the afternoon, he finally began to break through the earth to the other side. Frantically he continued shoveling with all his might until, all of a sudden, his head popped out just above the ground. Eyes squinting in the bright sun, Carlos took his first look at China. Instead, he saw a circle of familiar-looking people peering down at him.

Metiéndose en lo profundo del túnel, Carlos escuchó voces otra vez. Excavó todo el día hasta llegar la tarde y finalmente empezó a abrirse paso por la tierra para llegar al otro lado. Apresuradamente continuó excavando con toda su fuerza hasta que, de repente, su cabeza apareció quedando justo por encima del suelo. Con los ojos deslumbrados por el fuerte sol, Carlos le dio su primer vistazo a la China. En vez de eso, lo que vio fue un círculo de personas conocidas que lo estaban observando desde arriba.

"Señor Griego, what are you doing in China?" asked a very confused Carlos when he recognized his friend among the faces in the crowd.

"And what are you doing in my green chiles?" chuckled Señor Griego as he strained to pull Carlos out of the hole. The clumps of dirt tumbled off Carlos's head, and he found himself standing in the middle of Señor Griego's chile patch.

Carlos felt a little foolish as he looked over and saw the huge pile of dirt and the ladder still sticking out of the hole in his own yard, just twenty feet away.

Just as suddenly as it had gathered, the crowd that was attracted by Carlos's project began to scatter. The mariachi band packed up its instruments and went home, followed by the dancers and the burrito vendor. Soon, the only people left were Señor Griego, Gloria, and Carlos.

—Señor Griego, ¿qué está usted haciendo en la China? —preguntó Carlos confundido cuando reconoció a su amigo entre las caras de la multitud.

—¿Y qué estás haciendo tú entre mis chiles verdes? —dijo riéndose el señor Griego mientras se esforzaba por sacar a Carlos del agujero. Los pedazos de tierra cayeron rodando de la cabeza de Carlos, y éste se encontró parado en medio del sembrado de chiles del señor Griego.

Carlos se sintió un poco tonto mientras echaba un vistazo y veía el gran montón de tierra y la escalera que todavía salía del agujero en su propio jardín, apenas a veinte pies de donde estaba.

Tan repentinamente como se había reunido la multitud atraída por el proyecto de Carlos, ésta empezó a desaparecer. La banda de mariachis empacó sus instrumentos y se marchó a casa, seguida por las bailarinas y el vendedor de burritos. Pronto, las únicas personas que quedaban eran el señor Griego, Gloria y Carlos.

The old man led Carlos and Gloria into his kitchen where he ladled out large helpings of arroz dulce for them. Carlos, hungry and exhausted, ate three bowls of the tasty dessert, happy to be out of the dark tunnel and with both of his friends.

"Will you try to dig to China again?" Gloria asked Carlos.

"I don't think so—I've changed my plan," Carlos admitted. "A hot air balloon will get me there much faster."

But for a long time after that, Carlos lost his appetite for egg rolls, chow mein, and fortune cookies.

El anciano llevó a Carlos y a Gloria a su cocina, donde les sirvió grandes porciones de arroz dulce. Carlos, hambriento y cansado, se comió tres platos del exquisito postre, encantado de estar fuera del oscuro túnel y con sus dos amigos.

—¿Vas a intentar excavar hasta la China otra vez? —le preguntó Gloria a Carlos.

—No lo creo. He cambiado de plan —admitió Carlos—. Un globo de aire caliente me llevará allí mucho más rápido.

Pero, por mucho tiempo después de eso, Carlos perdió las ganas de comer rollitos primavera, chow mein y galletitas de la fortuna.

Sweet Rice

Recipe courtesy of Patty Baca

1/2 cup rice	3/4 cup milk (can use canned)
1/2 stick cinnamon	2 egg yolks
1 cup water	raisins
1 cup sugar	

Cook rice with cinnamon stick in 1 cup water until water is absorbed. Throw away cinnamon stick. Add sugar and milk. Cook 10–15 minutes. Remove from heat and add the egg yolks, stirring constantly until mixture turns smooth. Add raisins. Stir constantly for 5 minutes. Spoon into dishes and serve warm.

Arroz Dulce

Receta por cortesía de Patty Baca

1/2 taza de arroz	3/4 de taza de leche (puede usarse leche enlatada)
1/2 canela en rama	
1 taza de agua	2 yemas de huevo
1 taza de azucar	uvas pasas

Se cocina el arroz con el agua y la canela hasta que el agua se absorba. Se quita la canela. Se añade el azucar y la leche. Se cocina de 10 a 15 minutos. Se quita del fuego y se añade las yemas de huevo, revolviendo la mezcla constantemente hasta que esté uniforme. Se añade las uvas pasas. Se revuelve constantemente 5 minutos. Se sirve en platos, tibio.

About the Illustrator/*Sobre la ilustradora*

JEANNE ARNOLD is a freelance illustrator and painter who lives with her husband in Salt Lake City, Utah. She enjoys gardening, hiking, and skiing in the nearby mountains, and backpacking in the Southwest desert. In 1999, Jeanne received her MFA degree in painting from Johnson State College in Johnson, Vermont. During her studies, she did several residencies at the Vermont Studio Center and also attended the International School of Art in Umbria, Italy.

Jeanne previously illustrated *When You Were Just a Little Girl*, by B. G. Henessy (Viking), in addition to *Carlos and the Squash Plant, Carlos and the Cornfield, Carlos and the Skunk,* and *Carlos and the Carnival.* She turned to Mexican painters such as Diego Rivera, Latin American folk artists, and Taos painters for inspiration in capturing the regional and Hispanic flavor of the *Carlos* books. Jeanne is looking forward to further art endeavors, including painting, drawing, and printmaking.

JEANNE ARNOLD es una ilustradora y pintora independiente quien vive con su esposo en Salt Lake City, Utah. Allí disfruta de la jardinería, las caminatas y el esquí en las montañas cercanas, además de hacer excursiones por el desierto del Suroeste. En 1999, Jeanne recibió el título MFA en pintura del Johnson State College en Johnson, Vermont. Durante sus estudios, tomó varios cursos especiales en Vermont Studio Center y también asistió a la Escuela Internacional de Arte en Umbría, Italia.

Anteriormente Jeanne ilustró *When You Were Just a Little Girl*, por B. G. Henessy (Viking), además de *Carlos y la planta de calabaza, Carlos y la milpa de maíz, Carlos y el zorrillo* y *Carlos y la feria.* Para captar el sabor regional e hispano de los libros de *Carlos*, ella se inspira en pintores como Diego Rivera, en artistas populares latinoamericanos y en los pintores de Taos. Jeanne tiene muchas ganas de trabajar en el futuro en diferentes formas de expresión artística, sea la pintura, el dibujo o el grabado.

JAN ROMERO STEVENS
1953–2000

Following is an excerpt of a letter that was written to Jan's editor, which we feel shows, in her own words, how much of herself Jan put into her writing—both as a beloved children's book author, and as a respected journalist.

When I was in grade school, I spent the lunch hours and recess time during my second grade digging a hole on the playground. I was sure that I could reach the core of the earth, and perhaps go on farther from there—maybe to the other side? The verification I needed that I was truly accomplishing my goal was when I reached a clay-like layer that I figured was the earth's crust.

This digging exercise of mine continued for several weeks, and my friends would watch my progress, encourage me, and sometimes help. Eventually, I gave up and went on to other recess activities.

But the idea of digging through the earth—and in fact digging holes in general—is a universal attraction for kids, and my own experience served as the inspiration for "Carlos Digs to China." Like I said, it's a little zanier than recent Carlos books, but I think lots of fun, and it was definitely a kick to write.

Hope you like it!

. . . And of course we did.

Jan was the kind of person who made everyone around her feel a little better—the kind of person who could find good in any situation. Her passing has left a hole in our lives, but we are certain that she has made it to the other side.

A continuación aparece un pasaje de una carta escrita por Jan a su editora. Pensamos que en él, esta respetada periodista y apreciada escritora de libros infantiles muestra cuánto ponía de sí misma en sus escritos.

Cuando estaba en el segundo grado de la escuela primaria, solía pasar las horas de almuerzo y de recreo excavando un agujero en el patio donde jugábamos.

Estaba segura de que podría llegar al centro de la Tierra y tal vez ir más lejos de allí, tal vez al otro lado de la Tierra. Confirmé lo que necesitaba para saber que en verdad estaba alcanzando mi meta cuando llegué a una capa parecida a la arcilla, la cual me imaginé que era la corteza de la Tierra.

Esta práctica de excavación continuó por varias semanas, y mis amigos observaban mis adelantos y me animaban, e incluso a veces me ayudaban. Con el tiempo, me di por vencida y me dediqué a otras actividades a la hora del recreo.

Pero la idea de excavar a través de la Tierra —y de hacer agujeros en general— es una atracción universal para los niños, y mi propia experiencia me sirvió de inspiración para "Carlos excava hasta la China". Como dije, es un poco más alocado que los recientes libros de Carlos, pero creo que es muy divertido y sin ninguna duda fue maravilloso escribirlo.

¡Espero que te guste!

. . . *Y claro está que nos gustó.*

Jan era el tipo de persona que hacía que todo el mundo a su alrededor se sintiese un poco mejor; el tipo de persona que podía encontrar lo bueno de cualquier situación. Su fallecimiento ha dejado un vacío en nuestras vidas, pero estamos seguros de que logró llegar al otro lado.